LE RACISME

Collection dirigée par Philippe Godard

Comité scientifique d'historiens : Dominique Borne, inspecteur de l'Éducation nationale ; Jean Chélini, professeur des universités et président du conseil scientifique de l'Institut de droit et d'histoire religieuse d'Aix-en-Provence ; Joël Cornette, professeur à l'université Paris-VIII-Vincennes-Saint-Denis ; Claude Mossé, professeur émérite de l'université Paris-VIII ; Louis Sala-Molins, professeur émérite de philosophie politique

Direction artistique : Kamy Pakdel, studio Autrement

Cartographie : Isabelle Lewis
Carte du monde illustrée : Sophie Duffet
Conception : Philippe Godard et Sandrine Mini
Suivi éditorial : Laurence Lhommedet

LE RACISME

De la traite des Noirs à nos jours

par Philippe Godard,
relecture scientifique de Louis Sala-Molins

Autrement Junior Histoire veut aider les jeunes lecteurs à réfléchir au sens de l'Histoire à partir d'une période précise ou d'un grand thème transversal. Chaque volume, ponctué de cartes et d'images d'époque, met en scène quelques moments forts et pertinents grâce à des récits qui ouvrent à une véritable analyse et compréhension des événements.

INTRODUCTION

Certaines personnes sont racistes : pour elles, les races sont des divisions de l'espèce humaine, et certaines races seraient supérieures aux autres. Parfois, les sentiments racistes dominent une société, à tel point que des mesures d'exclusion, et même de destruction, sont prises contre les membres d'une race considérée comme inférieure.

Une société devient raciste quand les décisions politiques excluent des individus parce qu'ils ont une couleur de peau ou des façons de vivre différentes de celles des dirigeants, et que personne ne s'oppose à cette politique. Ainsi, Louis XIV a édicté un Code noir qui organisait le commerce des esclaves, sans que personne, à l'époque, proteste. Car personne n'a dit, tout simplement, que les Noirs n'étaient pas des marchandises que leur maître pouvait échanger, vendre, et même supprimer comme bon lui semblait !

Le but de ce livre est de montrer que le racisme peut revêtir diverses formes, parfois extrêmes, comme l'esclavage – qui prive les hommes de leur bien le plus précieux, leur liberté – ou la destruction pure et simple – pour la simple raison de l'appartenance à une autre "race". Parfois aussi le racisme se fait moins visible, comme aux États-Unis avec la ségrégation raciale entre les Noirs et les Blancs par exemple, ou encore en Europe vis-à-vis des Tziganes, ces nomades que les sédentaires supportent mal. Mais le racisme n'est pas une fatalité : beaucoup d'hommes se sont battus et continuent à se battre pour une société fraternelle, à l'image de Malcolm X ou de Leonard Peltier, défenseur des Indiens d'Amérique, en prison depuis 1976 pour des meurtres qu'il n'a pas commis.

C'est à Leonard Peltier, justement, que ce livre est dédié, ainsi qu'à tous les enfants qui ne voient pas le monde avec l'idée absurde selon laquelle certains êtres humains sont supérieurs à d'autres.

Ce qui fait la richesse de l'humanité, c'est sa diversité !

SOMMAIRE

p. 10

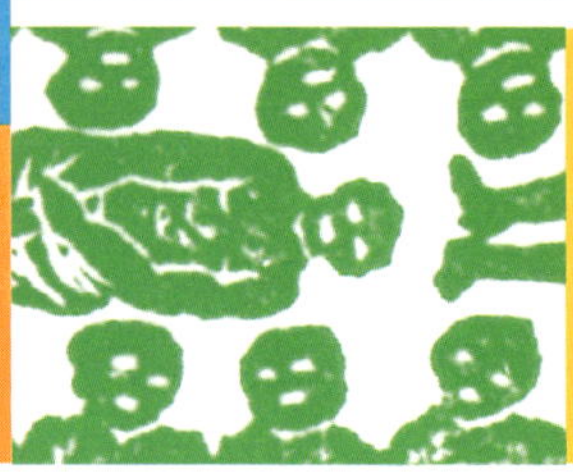

p. 22

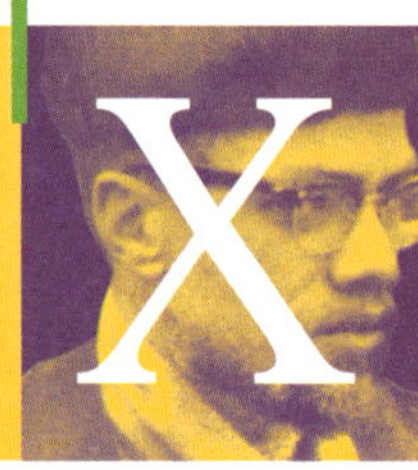

p. 10
Le Code noir
En 1685, Louis XIV met en place un ensemble de règles organisant l'esclavage des Noirs déportés d'Afrique.

p. 16
La ségrégation raciale aux États-Unis
Le 1er décembre 1955, une femme noire s'installe dans un bus de la ville de Montgomery à une place réservée aux Blancs. La lutte des Noirs contre la ségrégation va dès lors s'étendre à tout le pays.

p. 22
Un homme à part, Malcolm X
Le jeune Malcolm Little a perdu tôt son père, assassiné par des racistes blancs, et sa mère est devenue folle. Il a été élevé par des Blancs, et promet d'être un "bon Noir".

p. 28
La destruction des juifs en Europe – 1933-1945
Hitler arrive au pouvoir en Allemagne en 1933. Comment sa politique antijuive va-t-elle être appliquée, en Allemagne et dans toute l'Europe dominée par les Allemands ?

p. 34
La Shoah : une explication ?
Depuis une vingtaine d'années, des historiens, des philosophes, des sociologues cherchent à expliquer la destruction de millions de personnes à travers l'Europe.

p. 40
Une société raciste, le Guatemala
Dans les années 1970-1980, l'armée du Guatemala combat la guérilla, détruisant entièrement certains villages et massacrant leurs habitants simplement parce qu'ils sont "indiens".

p. 46
Loin du mythe des Peaux-Rouges
Les Indiens ont été les premiers occupants de ce que nous nommons l'Amérique. Mais aujourd'hui, que reste-t-il de ce peuple fier ?

p. 52
Les Tziganes et l'Europe
Sans nation, sans patrie, sans domicile fixe… et pourtant un grand peuple dans une Europe qui les accepte mal.

p. 34

p. 40

p. 58
Le racisme dans l'"Europe sans frontières"
Le lourd passé de la colonisation a insinué des attitudes racistes en France et en Europe. Un vrai fléau, qui gangrène la vie sociale.

p. 62
Conclusion

30
penser
France
Etats-Unis
Antilles
Guatemala
amérique
Y

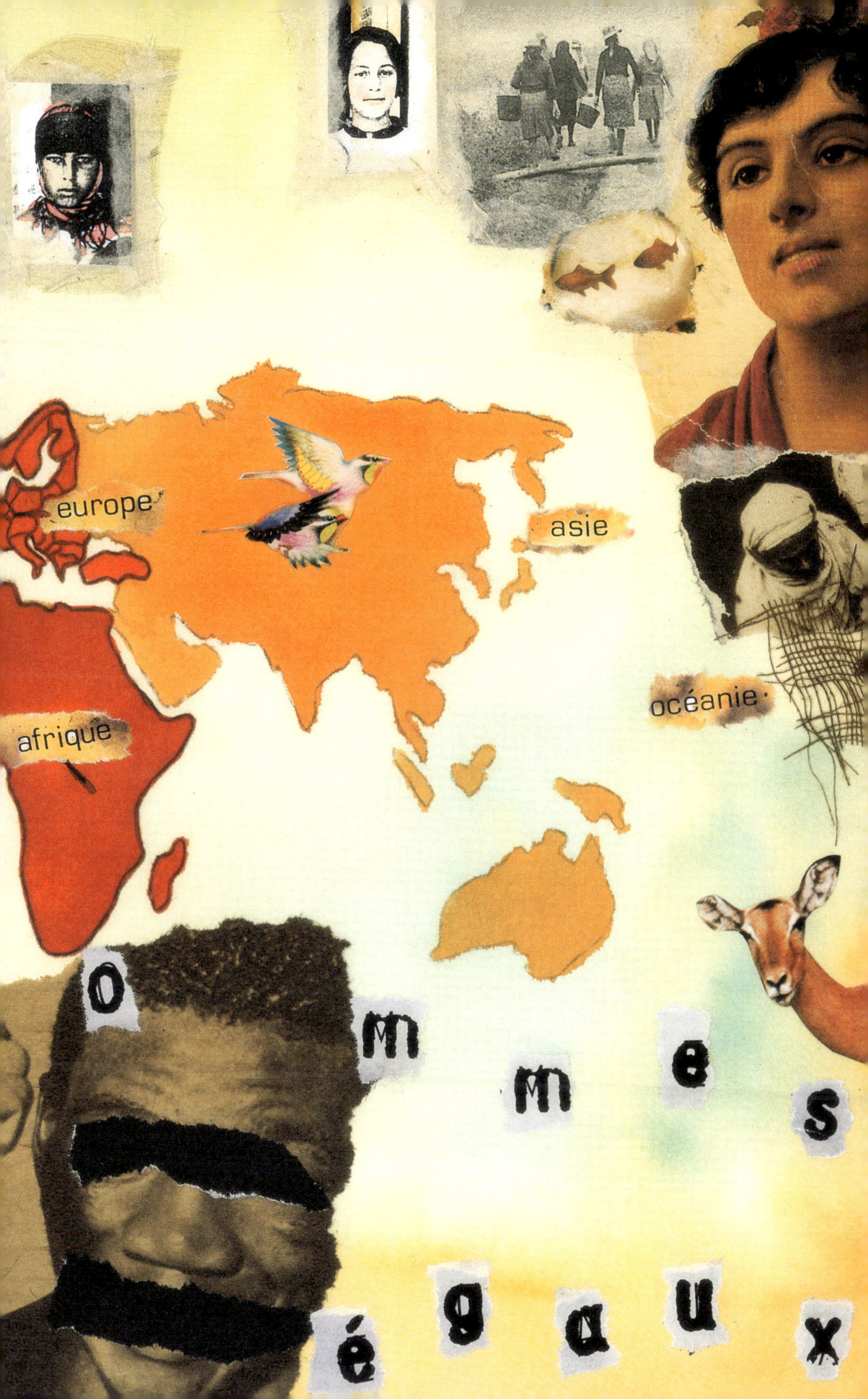
europe
asie
océanie
afrique
o m m e s
é g a u x

LE CODE NOIR

La malédiction des fils de Cham

La Bible raconte que Noé avait trois fils, Sem, Japhet et Cham. Un jour, ayant bu trop de vin, Noé s'enivra, et il s'endormit nu. Cham entra dans sa tente et osa regarder son père, puis il sortit le dire à Sem et à Japhet. Ses deux frères prirent un manteau sur leurs épaules, puis entrèrent à reculons dans la tente afin de pouvoir couvrir leur père sans rien voir de sa nudité. À son réveil, Noé, apprenant toute l'histoire, s'écria : "Que le fils de Cham, Canaan, soit maudit, et qu'il soit à l'égard de ses frères l'esclave des esclaves. Que Sem soit béni et que Canaan soit son esclave ! Que Dieu multiplie la postérité de Japhet et que Canaan soit son esclave !"
Selon la tradition, les descendants de Canaan seraient les Africains. Bien sûr, la Bible n'est qu'un livre, mais il s'agit du livre sacré des chrétiens, et cette histoire allait servir, beaucoup plus tard, à justifier l'esclavage.

La traite des Noirs

En 1492, Colomb fit découvrir l'Amérique aux Européens – ce Nouveau Monde déjà habité par les Amérindiens. En s'installant, les conquérants espagnols et portugais imposèrent le travail forcé aux Amérindiens, qui mouraient très vite, à cause des terribles et insupportables conditions de travail qu'ils devaient subir, des maladies contagieuses que les colons apportaient avec eux depuis l'Europe, mais aussi parce que les Européens n'hésitaient pas à les massacrer.
Il fallait pourtant des hommes pour exploiter ces terres. Les colons n'étaient pas assez nombreux, et les indigènes trop faibles. La solution qui fut trouvée est l'une des pires choses que l'humanité ait mis en place : réduire en esclavage les Africains et les déporter en Amérique.
Un commerce s'installa, la traite des Noirs, effectué par les négriers, des hommes sans scrupule.
En France, des bateaux chargés d'objets de pacotille contre lesquels les esclaves étaient échangés partaient surtout de Nantes, principal port

négrier du pays, vers l'Afrique. Le prix des esclaves dépendait de leur aptitude au travail. Le meilleur esclave était la "pièce d'Inde" ; il s'agissait d'un homme d'une vingtaine d'années, en bonne santé et sans défauts physiques apparents. Le prix d'une "pièce d'Inde" était un "paquet" composé d'armes, de poudre, d'eau-de-vie ou de rhum, de tissus et de vaisselle, que les négriers payaient aux trafiquants d'esclaves, souvent des Africains convertis à l'islam. Une femme noire valait environ les trois quarts d'une "pièce d'Inde", tandis que les "négrittes" et "négrillons" – jeunes filles et jeunes garçons – étaient encore moins chers. Les négriers s'arrêtaient dans divers ports – dont l'île de Gorée, au large du Sénégal –, où les Africains capturés étaient d'abord regroupés dans des prisons sinistres. Puis, enchaînés, ils étaient poussés dans les bateaux et entassés à fond de cale. Une fois en mer, les esclaves perdaient à jamais l'espoir de revoir leur Afrique natale. Beaucoup mouraient lors de la traversée de l'océan, à cause des maladies, de l'absence d'hygiène, du désespoir aussi car beaucoup se suicidaient...

Les esclaves étaient entassés dans les bateaux négriers – ici le *Brookes,* un navire anglais du XIXe siècle –, sans la possibilité de se tenir debout ni même assis. Beaucoup mouraient durant la traversée de l'Atlantique.

L'exécution était le prix de toute tentative de révolte pendant la traversée. Les navires faisaient escale en Amérique latine, dans les Caraïbes ou en Amérique du Nord. Une fois leur cargaison d'esclaves débarquée et vendue, ils revenaient vers l'Europe, chargés de marchandises diverses. Le commerce était si fructueux qu'il fit la fortune de villes comme Nantes, Bordeaux ou encore Rochefort ou Le Havre. Des millions d'enfants, de femmes et d'hommes furent ainsi arrachés à leur terre ancestrale, sans doute plus de dix millions, même si les chiffres sont difficiles à préciser. Nous savons par exemple que les négriers de Nantes ont déporté 103 135 Africains en seulement douze années, de 1763 à 1775. Le nombre exact importe peu de toute façon. L'idée même de ce commerce est inacceptable, même s'il n'y avait eu qu'un seul bateau négrier.

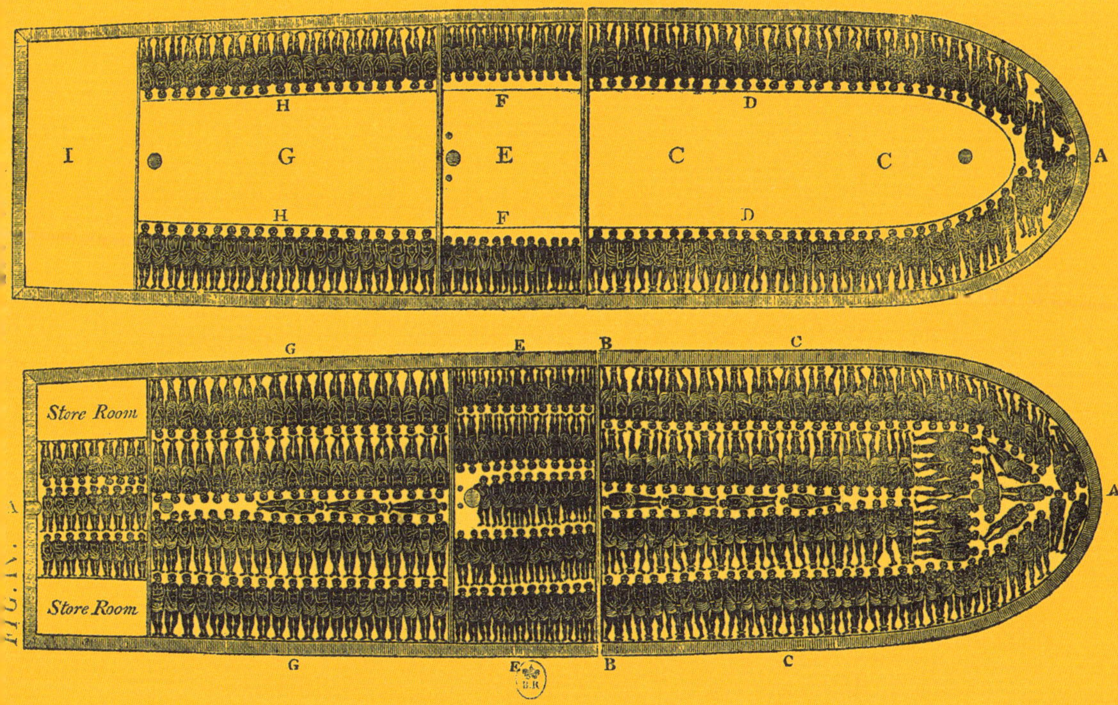

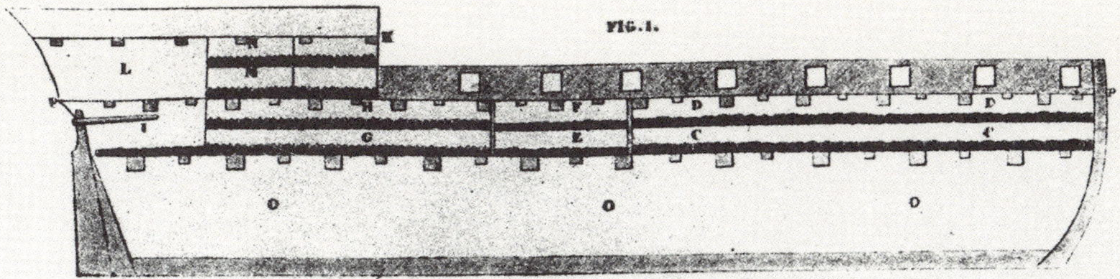

Intérieur du Navire Negrier. Coupe verticale sur la longueur du Bâtiment.

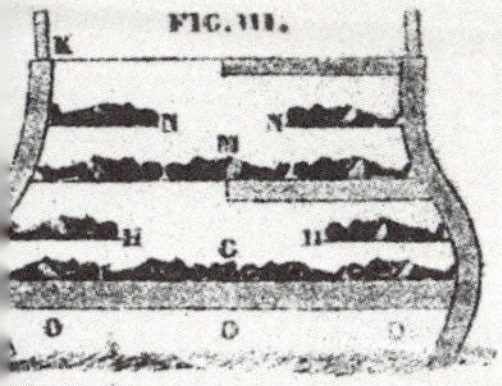

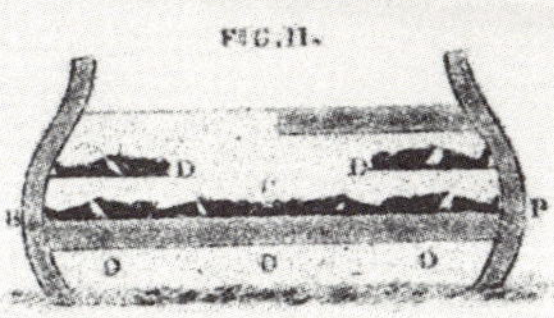

Coupes verticales en travers du premier pont et des demi ponts

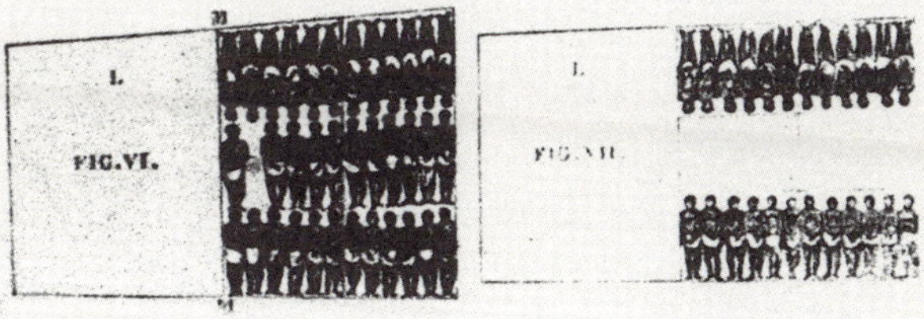

Coupes horizontales suivant la longueur du Bâtiment du demi pont et [illegible]

Le Code noir de Louis XIV

Loin de juger l'esclavage inhumain, les Français le légalisent en 1642 – autorisation de la traite par Louis XIII – jusqu'en 1848, date de son abolition définitive. En 1685, le Roi-Soleil, Louis XIV, publie un règlement des rapports entre les maîtres et leurs esclaves dans les colonies françaises. Son ministre Colbert, mort deux ans plus tôt, avait préparé ce texte, divisé en soixante articles; il déclarait vouloir faire respecter la "discipline de l'Église catholique".
L'Église tolère l'esclavage, à l'image de la Bible. Ce système serait même établi pour le bien des Noirs : réduits en esclavage, ils peuvent enfin recevoir la parole de Dieu, et ont alors une chance de racheter leurs péchés, affirment les esclavagistes. Selon eux, l'esclavage est une nécessité économique car le climat des colonies "ne permettrait pas aux Français un travail aussi pénible". Il ne reste qu'à écrire un règlement qui accorde l'économie avec les nécessités religieuses. Ce règlement s'appelle le Code noir.
Le Code noir considère les Noirs comme des êtres inférieurs et dangereux, soumis pour toutes les choses de la vie à leur maître blanc. Deux esclaves qui veulent se marier doivent ainsi avoir l'accord de leur maître; en échange, celui-ci ne peut les marier contre leur gré (article 11). L'article 26 offre la possibilité aux esclaves de protester auprès du procureur général du roi si leur maître ne pourvoit pas à leur nourriture, mais cette disposition est annulée par l'article 31 qui interdit aux esclaves toute action en justice. L'esclave est considéré comme un mineur – c'est son maître qui peut, pour son compte, réclamer justice. Les esclaves ne sont pas autorisés à posséder quoi que ce soit.
Plusieurs articles du Code noir ont pour but de réprimer les mouvements de contestation ou de révolte. Il est défendu aux "esclaves appartenant à différents maîtres de s'attrouper le jour ou la nuit" (article 16). Si un esclave frappe son maître ou sa maîtresse, il est aussitôt puni de mort (article 33). Par contre, les maîtres ont parfaitement le droit de battre leurs esclaves "lorsqu'ils croiront que ceux-ci l'auront mérité" (article 42). L'article 35 prévoit la mise à mort d'un esclave qui aurait volé du bétail. Les sanctions pour les esclaves fugitifs qui sont repris sont terribles :

ils peuvent être marqués au fer rouge d'une fleur de lis sur l'épaule – ce qui symbolise leur soumission absolue au roi de France – ou amputés ; à la troisième tentative de fuite, c'est la mort.
L'article 12 est le plus honteux de tous : "Les enfants qui naîtront de mariages entre esclaves seront esclaves et appartiendront aux maîtres des femmes esclaves." Ainsi, l'esclavage des Noirs est destiné à se perpétuer, et un esclave, même marié, même baptisé, ne peut qu'engendrer des esclaves.

La résistance des esclaves

Les Africains qui voyaient les bateaux négriers s'éloigner des côtes d'Afrique ne sont pas restés inactifs : ils ont souvent tenté de délivrer leurs frères réduits en esclavage. Ainsi, entre 1689 et 1807, ce sont plus de mille navires qui ont coulé au large des côtes africaines, du fait des révoltes d'esclaves dans les bateaux, des attaques menées en pirogue depuis la côte, ou d'actes de piraterie.
En France, l'esclavage a été aboli une première fois en 1794, grâce à la révolte des esclaves d'Haïti. Mais, en 1802, le consul Napoléon Bonaparte le rétablit, malgré la résistance des esclaves menés par Toussaint-Louverture. En 1848, par peur d'une révolte imminente, les députés français votent définitivement l'abolition. C'est Victor Schœlcher, un homme politique français engagé depuis de longues années contre l'esclavage, qui est à l'origine de cette décision. Mais ce sont surtout les Noirs eux-mêmes qui se sont battus pour leur libération.
Quant au travail forcé dans les colonies françaises d'Afrique, il n'a disparu qu'après la Seconde Guerre mondiale, il y a à peine plus de cinquante ans...

La ségrégation raciale aux

ÉTATS-UNIS

Rosa Parks refuse de céder sa place à un Blanc

Le 1er décembre 1955, Rosa Parks, une femme noire de Montgomery, capitale de l'Alabama, dans le sud des États-Unis, monte dans un bus. Les Noirs n'ont pas le droit de s'asseoir aux quatre premiers rangs, et Rosa Parks s'assoit au cinquième rang. Mais le bus se remplit et des Blancs restent debout. Le conducteur demande alors à Rosa Parks de céder sa place. Elle refuse !

L'acte n'est pas banal : la loi interdit aux Noirs d'occuper des places assises vers l'avant dans les transports en commun si des Blancs sont debout. Ils doivent se tasser au fond, humblement, comme des êtres inférieurs ! Ce n'est là qu'un des aspects de la ségrégation raciale de l'époque aux États-Unis, qui consistait à ne pas mélanger Blancs et Noirs dans la vie quotidienne. Ces deux peuples vivaient sur le même territoire, mais séparés, se croisant sans jamais se mêler.

Rosa Parks est arrêtée et jugée ; elle perd son emploi. Pendant ce temps, les Noirs de Montgomery décident de boycotter les bus de la ville. Jusque-là, ces boycotts symboliques ne duraient qu'une journée ou une semaine… Cette fois, le succès est inouï : durant 381 jours, les Noirs de Montgomery se déplacent à pied ou organisent leur propre système de transports en commun, bien déterminés à obtenir que la loi soit modifiée et que les Noirs, dans les bus, aient les mêmes droits que les autres.

Leur combat n'est pas facile : beaucoup d'entre eux perdent leur travail, leur patron prétextant des retards fréquents. Ils sont licenciés dans l'espoir que le manque d'argent les contraindra à cesser leur lutte contre la ségrégation raciale. Ce combat contre la discrimination dans les bus est symbolique : tout le monde le comprend. Si les Noirs l'emportent, cela donnera naissance à un grand mouvement en faveur de l'égalité des droits entre Noirs et Blancs dans tous les États-Unis. En novembre 1956, la Cour suprême – la plus haute instance de justice des États-Unis – déclare que la ségrégation dans les transports est contraire à la loi et qu'elle doit cesser. C'est une grande victoire pour le mouvement des Noirs !

Un mouvement politique antiraciste

Rosa Parks est membre de la NAACP, l'Association nationale pour la promotion des gens de couleur, une organisation qui a été fondée en 1910. Depuis, la NAACP mène son combat sur le terrain juridique en cherchant à faire respecter le quatorzième amendement à la Constitution, adopté en 1865.

En effet, cette année-là, lorsque l'esclavage est aboli aux États-Unis à la suite de la guerre de Sécession entre le Nord et le Sud, un amendement modifie la Constitution, la loi fondamentale du pays. Cet amendement, le quatorzième depuis la création des États-Unis en 1776, accorde la pleine citoyenneté à toute personne née sur le territoire, y compris aux anciens esclaves noirs. Dans la réalité, ce n'est pas du tout ce qui se passe. Les Noirs sont considérés comme des êtres inférieurs. Par exemple, les crimes commis par des Blancs contre les Noirs sont punis bien moins sévèrement que ceux des Noirs contre les Blancs, au point que, souvent, dans les États les plus racistes du pays, tuer un Noir n'entraîne aucune sanction.

1. Deux Noirs sont chassés de la plage de Savannah en Géorgie, en 1963, après avoir été hués et maudits par les Blancs. Ils seront même arrêtés par la police !

2. En septembre 1957, des étudiants blancs se moquent des jeunes Noirs qui viennent d'être admis au lycée de Little Rock, en Arkansas. Il faut la protection de l'armée pour que les Noirs puissent effectuer leurs études.

Pour la NAACP, si la Constitution accorde la pleine citoyenneté aux Noirs, il faut que cela soit respecté dans tous les domaines. Les Noirs ont déjà obtenu quelques succès. En 1946, Jackie Robinson devient le premier joueur de base-ball noir dans une équipe de première division. En 1954, la ségrégation est interdite à l'école, et les enfants noirs peuvent enfin fréquenter les mêmes écoles que les enfants blancs. Mais il faut attendre 1955, Rosa Parks et le boycott des bus de Montgomery, pour que les antiracistes se choisissent un dirigeant qui fasse naître un mouvement d'une ampleur nationale.

Le Mouvement pour les droits civiques

Ce dirigeant est un pasteur protestant de Montgomery, Martin Luther King. Avec lui, le mouvement des Noirs change. Il devient plus politique et s'appuie sur l'idée de la non-violence. Quelques années plus tôt, en 1947, en Inde, le Mahatma Gandhi avait utilisé des méthodes non violentes pour obtenir la fin de la domination britannique et l'indépendance de son pays. Cette nouvelle forme de contestation a impressionné le monde entier, et les Anglais ont dû négocier avec Gandhi ; ils ont quitté le pays et ont reconnu l'indépendance de l'Inde que ce pays avait perdue un siècle plus tôt.

La non-violence est, selon le pasteur King, un atout dans la lutte des Noirs : ceux qui, face aux racistes, seront fermes, mais surtout pas violents, finiront par l'emporter parce que personne ne peut critiquer la non-violence. Il s'agit pour les Noirs de devenir des citoyens égaux aux Blancs, d'obtenir des droits civiques réels en respectant la loi et en la faisant respecter par le gouvernement, par les États et par les Blancs.

La lutte contre la ségrégation raciale ne se déroule pourtant pas dans le calme, bien au contraire. Le 30 janvier 1956, durant le boycott des bus de Montgomery, la maison de Martin Luther King est endommagée par un attentat à la bombe. "Nous devons apprendre à répondre à la haine par l'amour", déclare le pasteur. Après la victoire des Noirs à Montgomery, des racistes isolés tirent sur les bus et, tous les jours, le trafic doit s'arrêter à dix-sept heures car il est trop dangereux de circuler le soir.

En 1957, à Little Rock, capitale de l'Arkansas, dans le sud des États-Unis, le gouverneur et une partie de la population blanche empêchent les enfants noirs de se rendre à l'école. Il faut que les parachutistes et les gardes nationaux interviennent pour faire respecter la loi ! Les années suivantes, de nombreux militants noirs sont assassinés par des organisations racistes comme le Ku Klux Klan, ou par la police américaine, qui accentue la répression contre les mouvements antiracistes. Certains policiers se croient tout permis vis-à-vis des Noirs, et n'hésitent pas à utiliser leurs armes.

Vers 1960, la question des droits civiques des Noirs est au centre de la

vie politique américaine. L'égalité est imposée peu à peu, grâce à la ténacité des Noirs et des Blancs antiracistes ; grâce aussi à l'estime qui lie le président des États-Unis, John Kennedy, au pasteur King.
Le 28 août 1963, à Washington, Martin Luther King prononce, devant une foule de 250 000 personnes, un discours célèbre, intitulé *Je fais un rêve* : "Je rêve qu'un jour notre pays se lèvera et choisira de vivre en donnant un sens réel à cette vérité qui va de soi : tous les hommes naissent égaux."
Mais le pasteur King est privé d'un appui essentiel lorsque John Kennedy est assassiné à Dallas le 22 novembre 1963. Dans son propre mouvement, le pasteur King rencontre des difficultés. De nombreux Noirs jugent que l'égalité est trop longue à venir. Les émeutes des ghettos sont férocement réprimées. Les Noirs créent des mouvements de plus en plus politiques, parfois hostiles à la non-violence de King. La guerre du Viêt Nam aggrave les désaccords : cette guerre engloutit des centaines de milliers de jeunes Américains, et ce sont surtout les Noirs qui trouvent la mort là-bas car ils sont souvent chargés des missions les plus dangereuses. Enfin, nombre de Noirs se convertissent à l'islam car ils estiment qu'ils n'ont plus rien à attendre des protestants, même noirs. C'est le cas de Malcolm X, qui milite longtemps dans une organisation musulmane noire, la Nation de l'islam.
Pour tenter de reprendre la tête du mouvement, le pasteur King choisit de nouvelles formes de contestation. Il soutient des grèves d'ouvriers et s'oppose à la guerre du Viêt Nam. Mais le 4 avril 1968, alors qu'il se trouve sur le balcon de l'hôtel où il séjourne, Martin Luther King est assassiné. Son meurtrier n'a toujours pas été identifié avec certitude.

"Je rêve qu'un jour notre pays se lèvera et choisira de vivre en donnant un sens réel à cette vérité qui va de soi : tous les hommes naissent égaux."

Un homme à part,

MALCOLM X

Un jeune Noir "bien comme il faut"

Malcolm Little naît le 19 mai 1925 à Omaha, dans le Nebraska, un État du centre des États-Unis. La famille Little est nombreuse : huit enfants, issus de deux mariages. En 1931, le père de Malcolm est assassiné par des Blancs. Malcolm n'a que six ans, et bientôt sa mère devient folle de douleur – elle passera vingt-six ans dans un hôpital psychiatrique. Le jeune Malcolm est alors confié à une institution tenue par des Blancs qui l'inscrivent à l'école. Or Malcolm est un élève très doué, et il devient la mascotte de ses protecteurs blancs. On le cite en exemple, il est un petit Noir qui a réussi parce que de bons Blancs se sont occupés de lui... Pourtant, lorsqu'un jour de printemps 1939 Malcolm déclare à son professeur préféré qu'il veut devenir avocat, ce dernier, un Blanc, est choqué et lui répond : "Tu sais, ce n'est pas raisonnable, pour un nègre, de vouloir être avocat." À partir de ce jour, et bien qu'il n'ait que quatorze ans, la vie de Malcolm bascule. Il perd toute confiance envers les Blancs, y compris ceux qui ont en charge son éducation. Il est convaincu qu'ils l'ont adopté uniquement pour soulager leur conscience et pour le montrer comme un singe savant dans la bonne société. Ils ne l'aiment pas puisqu'ils ne veulent surtout pas qu'il devienne avocat, ni qu'il occupe un poste respectable dans la société américaine. Pour eux, Malcolm n'est définitivement qu'un nègre.

Malcolm grandit, abandonne ses études et son rêve de devenir avocat. La seule chose qui l'intéresse, c'est gagner facilement de l'argent, draguer les filles, surtout les Blanches, et ressembler à un Blanc. Il fait toutes sortes de petits boulots : il cire les chaussures, lave la vaisselle dans des restaurants, travaille dans des boîtes de nuit, à Boston ou à New York... C'est aussi le moment où il décide de se décrêper les cheveux pour ressembler le moins possible à un Noir.

À l'époque, contrairement à aujourd'hui, il n'y avait pas de coiffeurs spécialisés. Un Noir qui voulait avoir les cheveux raides devait suivre une recette à base de soude – un produit très dangereux qui sert habituellement à déboucher les lavabos. Voici la recette telle que l'a rapportée Malcolm : "Je pelai les patates, les coupai en petits morceaux et les mis

dans un grand pot en verre ; après, je les remuai avec une cuillère en bois et ajoutai la soude caustique jusqu'à ce que le pot soit à moitié plein. Quand mon ami commença à m'appliquer le mélange, je sentis seulement une chaleur agréable. Peu après, la tête me brûlait."
C'est très douloureux, mais peu importe : Malcolm veut ressembler à un Blanc ! Plus tard, il écrira : "Je venais d'effectuer le premier pas vers ma propre dégradation. Je m'étais uni à cette multitude de Noirs d'Amérique qui, à la suite de lavages de cerveau, finissent par croire que les Noirs sont 'inférieurs' et les Blancs 'supérieurs', jusqu'à un point tel qu'ils n'hésitent pas à mutiler et à profaner le corps que Dieu leur a donné pour paraître 'beaux' aux yeux des Blancs."

Malcolm X juste après l'explosion de sa maison dans la nuit du 13 au 14 février 1965. Une semaine après cet attentat, il sera assassiné.

La Nation de l'islam

Comme ses besoins d'argent deviennent toujours plus importants, Malcolm se met à cambrioler quelques maisons. Résultat, en janvier 1946, il est arrêté, jugé et condamné à sept ans de prison.
Dans les prisons américaines, la proportion de détenus noirs est très importante. En 1946, et de nos jours encore, aux États-Unis l'inégalité règne : les Noirs sont plus sévèrement condamnés que les Blancs ; ils restent plus longtemps en prison et y retournent plus souvent. La prison est devenue un lieu où les Noirs se retrouvent et s'organisent. C'est là que Malcolm entend parler de la Nation de l'islam.
La Nation de l'islam est une organisation à la fois religieuse et politique. Ses membres sont musulmans, et croient en Allah. Ils pensent aussi que les Noirs des États-Unis doivent avoir des États réservés, où les Blancs n'auraient pas le droit de pénétrer. Ils pensent que les Noirs doivent

MALCOLM naît le 19 mai 1925 à Omaha

devenir plus autonomes par rapport aux Blancs, c'est-à-dire avoir leur propre système économique, leurs magasins, leurs hôpitaux, pour ne plus avoir aucune relation avec le monde blanc. Malcolm estime que ce programme peut permettre aux Noirs de trouver enfin une vie heureuse, et il se convertit à l'islam.

Le 7 août 1956, Malcolm sort de prison. C'est un homme neuf, complètement différent du petit truand qu'il était en y entrant. La même année, il devient ministre d'un temple de la Nation de l'islam – comme un prêtre pour une église catholique. Il vit à Boston, puis à Philadelphie, à New York, à Detroit, et devient un personnage très connu. Malcolm voulait devenir avocat ? La Nation de l'islam en fait très vite son porte-parole ! Il donne des interviews aux journalistes, parle dans de grands meetings ou dans les réunions de la Nation de l'islam.

Malcolm abandonne son nom de Little, qui signifie "Petit", nom que des Blancs avaient donné à ses ancêtres pour les rabaisser, et préfère s'appeler X. Pour les Blancs, il est celui qui n'a pas de nom.

Malcolm X poursuit sa réflexion et, peu à peu, comprend qu'il est inutile de se convertir à l'islam si c'est pour prêcher la haine du Blanc. Après tout, et même aux États-Unis, il y a des millions de Blancs pauvres, qui sont eux aussi des victimes.

Une révolution intérieure

Malcolm X s'éloigne de la Nation de l'islam et finit par la quitter. Il construit sa propre pensée politique. Pour lui, les Noirs sont victimes du racisme, bien sûr, mais aussi du système économique. Ils occupent les plus bas échelons de la société américaine, et n'ont presque aucune chance de s'élever et d'occuper des postes importants. Les Noirs doivent commencer par se défendre, car ils sont victimes de Blancs racistes, y compris de policiers, qui les assassinent sans jamais être punis. Malcolm X justifie la violence si elle s'oppose à une autre violence, si elle est un moyen de résister et de ne pas être détruit.

Dans un de ses derniers discours, il déclare : "Nous ne sommes contre personne parce qu'il est blanc. Mais nous sommes contre ceux qui pratiquent le racisme. Nous ne sommes pas pour la violence. Nous sommes pour la paix. Cependant, les gens que nous affrontons emploient la violence. On ne peut pas être pacifique contre eux."

Malcolm X croit en la "fraternité de l'homme". Les Noirs doivent s'unir avec les Blancs qui sont vraiment antiracistes. À la fin de 1963, il fonde l'Organisation de l'unité afro-américaine, dont le but est de rapprocher les frères noirs américains et africains. Son programme s'oppose dès lors à celui de la Nation de l'islam, qui exige des États séparés pour les Noirs. Le dirigeant de la Nation de l'islam, Elijah Muhammad, considère que Malcolm X est un traître et donne l'ordre de l'éliminer. Plusieurs tentatives d'assassinats échouent jusqu'à ce que, le 21 février 1965, alors qu'il donne une conférence à New York, un homme l'abatte. Sans doute un militant de la Nation de l'islam.

Les idées de Malcolm X ne sont pas mortes avec lui. Les Panthères noires, une importante organisation afro-américaine des années 1960-1970, ont repris nombre de ses thèmes. Mais beaucoup de militants des Panthères noires ont également été assassinés et, peu à peu, le mouvement a disparu... Aujourd'hui, Malcolm X revit à travers ses écrits, réimprimés dans le monde entier. Et pour de nombreux jeunes, il est le symbole d'une lutte sans concession contre le racisme.

"Nous ne sommes contre personne parce qu'il est blanc.
Mais nous sommes contre ceux qui pratiquent le racisme.
Nous ne sommes pas pour la violence. Nous sommes pour la paix.
Cependant, les gens que nous affrontons emploient la violence.
On ne peut pas être pacifique contre eux."

La destruction des JUIFS EN EUROPE 1933-1945

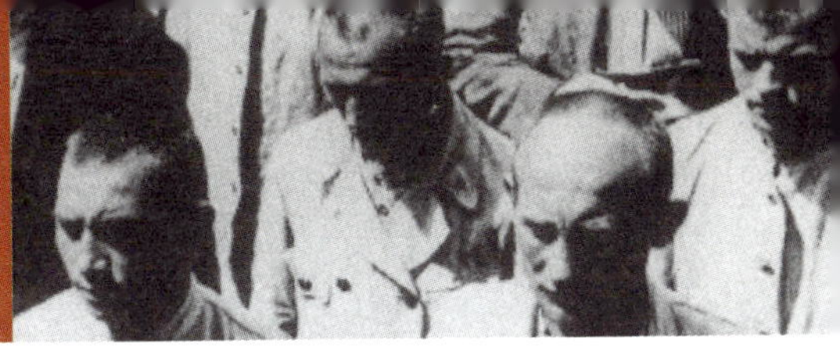

Séparer les juifs des "aryens"

Appelons-le Hans K. Ce personnage est un fonctionnaire de l'État allemand parmi des milliers d'autres ; il travaille à l'état civil. Depuis 1931, il est inscrit au NSDAP, le Parti national-socialiste ouvrier allemand, appellation que tout le monde abrège en "parti nazi". C'est un parti raciste, dirigé par Hitler.

L'Allemagne est en crise. Elle a perdu la Première Guerre mondiale et, en 1919, elle a accepté de signer le traité de Versailles. Ce traité, voulu par les Français, fait de l'Allemagne un pays dépendant, sous tutelle de ses vainqueurs, privé de certaines de ses ressources essentielles, comme le charbon de la Ruhr, région contrôlée puis envahie et occupée par les Français. Selon Hitler, le redressement de l'Allemagne passe par le rejet du traité de Versailles et par l'élimination des communistes et des juifs, qu'il considère comme les responsables de la déchéance de l'Allemagne. Le 30 janvier 1933, Hitler est nommé chancelier ; c'est désormais lui qui dirige le gouvernement. Il met aussitôt en œuvre sa politique raciste. Le 1er avril 1933, les nazis organisent la "Journée du juif": il s'agit de dénoncer les commerces juifs, qui s'enrichissent sur le dos des "aryens", c'est-à-dire les Allemands de "race pure" selon les théories des nazis. D'après Hitler, la "race aryenne" est la race supérieure qui doit, pour s'épanouir, éliminer les "sous-hommes", qu'ils soient juifs ou communistes, mais aussi tziganes, noirs, malades mentaux, homosexuels... Cette élimination des "inférieurs" se fera grâce à l'"État raciste national-socialiste" que souhaite Hitler. Les fonctionnaires allemands vont donc jouer un grand rôle dans ce processus.

Le 7 avril, K. apprend l'exclusion des juifs de l'Administration. Hitler vient en effet de signer la loi sur la réhabilitation de la fonction publique. Y., un collègue de K. qui partageait son bureau et qui est juif, est aussitôt renvoyé ; quelques jours plus tard, K. est chargé d'annoncer à Y. qu'il est mis à la retraite, comme les cinq mille autres fonctionnaires juifs de l'État allemand. Comment Y. va-t-il survivre, sans travail ? K. s'en moque !

En 1935, K. reçoit une circulaire qui l'informe que la loi pour la protection du sang et de l'honneur allemands interdit désormais certains mariages entre juifs et non-juifs. Plus question d'enregistrer les mariages sans rien savoir de l'origine "raciale" des époux ! Il faut d'abord vérifier si les parents et les grands-parents des deux candidats au mariage sont juifs ou non, et quelle religion ils déclarent ; si les réponses sont vagues ou si l'on soupçonne les demandeurs d'être juifs, il faut que ces derniers s'adressent à un généalogiste professionnel – dont le métier est de rechercher les ancêtres d'une famille – et qu'ils fournissent tous les certificats nécessaires.

HITLER AU POUVOIR 1933

L'affiche apposée sur ce magasin juif à Berlin déclare : "Les Allemands vous protègent contre l'atroce propagande juive. N'achetez que dans des magasins allemands !"
Le boycott des commerces juifs commence dès l'arrivée de Hitler au pouvoir, en 1933.

Le 1er janvier 1939, K. fait savoir à ses subalternes que désormais, en application de la loi du Reich, les enfants juifs devront obligatoirement s'appeler Sarah pour les filles et Israël pour les garçons.
À ce moment-là, la situation des juifs est déjà catastrophique. Ils ont été exclus de la fonction publique, la plupart de leurs commerces sont fermés, nombre d'entre eux ont été arrêtés, torturés ; ils ont été forcés de vendre leurs entreprises pour une somme dérisoire à des Allemands "aryens ". Très peu d'entre eux ont choisi d'émigrer, de quitter l'Allemagne, car la plupart n'ont presque plus d'argent, nulle part où aller, et pensent que les choses vont finir par s'arranger. Pourtant, le pire est à venir.

Deutsche, verteidigt Euch
gegen die jüdische
Greuelpropaganda,
kauft
nur bei Deutschen!
Germans defend
yourselves against jewish
atrocity propaganda
buy only at German shops!

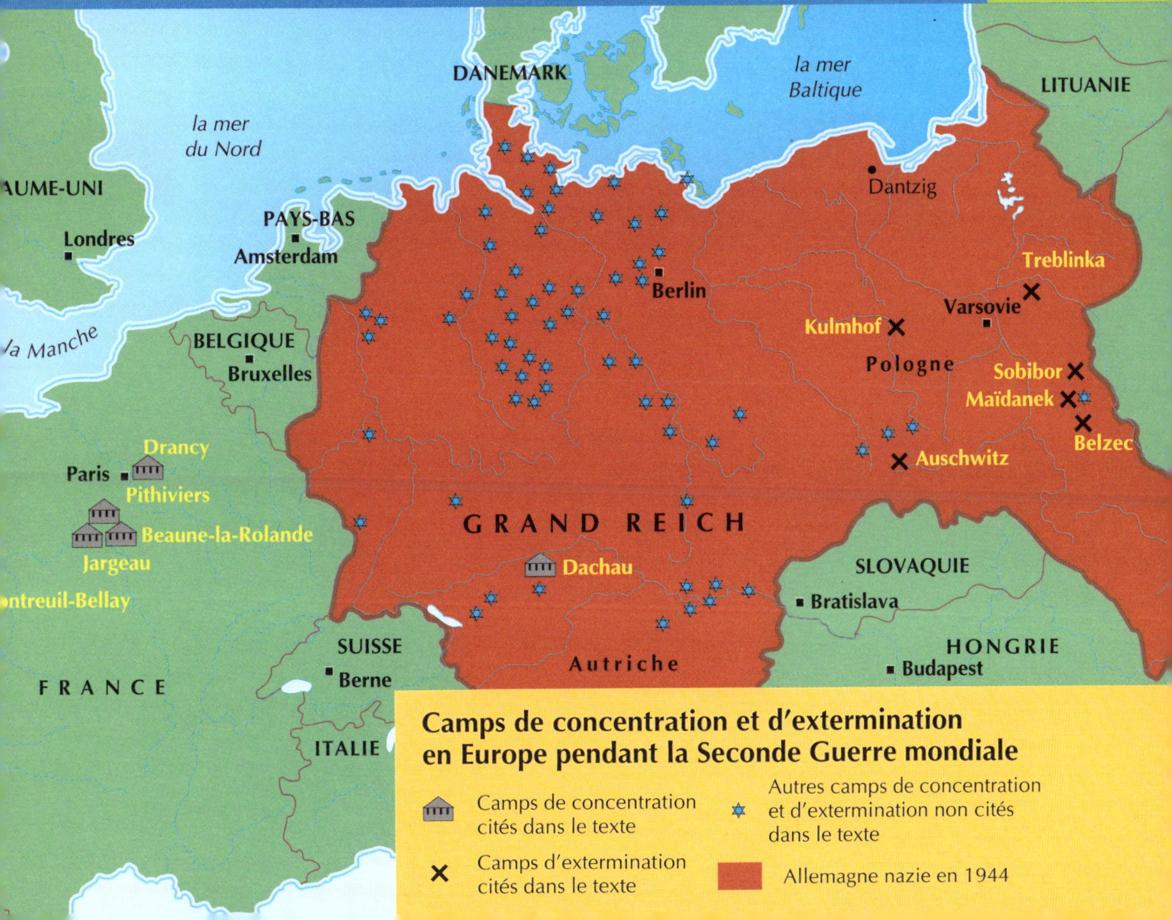
DANEMARK
la mer Baltique
LITUANIE
la mer du Nord
AUME-UNI
Londres
PAYS-BAS
Amsterdam
Dantzig
Treblinka
Berlin
Varsovie
Kulmhof
la Manche
BELGIQUE
Bruxelles
Pologne
Sobibor
Maïdanek
Belzec
Drancy
Paris
Pithiviers
Auschwitz
Beaune-la-Rolande
Jargeau
GRAND REICH
Dachau
SLOVAQUIE
ntreuil-Bellay
Bratislava
SUISSE
Berne
Autriche
HONGRIE
Budapest
FRANCE
ITALIE
Camps de concentration et d'extermination en Europe pendant la Seconde Guerre mondiale
Camps de concentration cités dans le texte
Autres camps de concentration et d'extermination non cités dans le texte
Camps d'extermination cités dans le texte
Allemagne nazie en 1944

Déporter les juifs

Appelons notre second personnage Helmut W. Il travaille pour la société allemande de chemins de fer, la Reichsbahn. C'est un cadre respecté, un homme tranquille. Monsieur l'Ingénieur n'a rien à voir avec les exaltés du parti nazi tels que K.

En septembre 1939 éclate la Seconde Guerre mondiale. Dès que la Pologne est envahie par les troupes allemandes, W. est nommé au Bureau central des chemins de fer pour la Pologne. Il s'occupe de l'organisation des convois de juifs, auxquels les nazis ont promis la liberté s'ils choisissent d'émigrer vers l'est et vers l'Union soviétique, avec laquelle l'Allemagne nazie n'est pas encore en guerre. Un pacte a même été signé entre les deux pays, bien que l'Union soviétique soit la citadelle du communisme que hait tant Hitler.

En 1941, l'Allemagne rompt ce pacte et envahit l'Union soviétique. Tout se complique. W. doit prévoir des convois pour les soldats que l'on envoie combattre à l'est, mais aussi pour les juifs que les autorités allemandes continuent de déporter vers les ghettos de Lodz ou de Varsovie… Il essaie d'obéir strictement à la directive de 1942 qui ordonne de "mettre les juifs dehors aussi vite que possible, sans compromettre l'effort de guerre". W. jongle avec les horaires, les parcours, qui doivent éviter les voies ferrées endommagées, mais il parvient toujours à faire arriver les trains dans les camps de Pologne, Maïdanek, Belzec, Sobibor, Treblinka, Auschwitz. W. est un bon ingénieur, et entend continuer à faire son travail correctement.

Que vont faire les juifs dans ces camps ? W. sait que certains travaillent pour l'industrie allemande. Il se souvient aussi d'une visite d'une délégation de la Reichsbahn à Auschwitz en 1943, délégation dont il faisait partie. Ce matin-là, un convoi arrive, à l'heure, remarque W. Les juifs débarquent sur le long quai, et passent une première inspection, sous l'œil attentif de chiens d'attaque et des SS, qui sont des miliciens nazis. Ils sont chargés des camps de concentration, où les détenus doivent travailler, et des camps d'extermination, où les détenus sont assassinés.

À Auschwitz, les juifs sont divisés en deux files : dans l'une, les individus adultes en bonne santé, hommes ou femmes ; dans l'autre, les enfants, les vieillards, les malades et tous ceux qui n'ont pas l'air bien portants. La première file part dans un sens, et un SS explique que ces juifs-là vont travailler pour l'usine de caoutchouc synthétique de l'entreprise IG-Farben, qui est installée à Monowitz, un camp annexe situé à quelques kilomètres d'Auschwitz. Personne ne demande où va l'autre file, celle des juifs faibles, et le SS n'en parle pas. W. se doute que ces juifs, qui ne peuvent servir à l'effort de guerre allemand, vont être supprimés. Il ne dit rien.

En France, le régime de Vichy collabore

Au début de la guerre, les Allemands envahissent la France, qui signe l'armistice dès le 22 juin 1940. Paris étant occupé par les Allemands, c'est Vichy qui devient le siège du gouvernement, et le maréchal Pétain dirige désormais la France.
Pétain rencontre Hitler en octobre 1940 ; les deux hommes n'évoquent pas le sort des juifs, mais, en acceptant de discuter avec Hitler, Pétain entraîne la France dans un rapprochement avec l'Allemagne nazie. Peu à peu, les deux pays collaborent sur les plans économique, militaire et politique.
Le régime de Vichy accepte de pourchasser les juifs français, qui sont environ 270 000, dont 140 000 à Paris vers 1942, auxquels il faut ajouter les juifs étrangers qui s'étaient réfugiés en France avant 1940. Tous sont pris au piège. Arrêtés, ils sont transférés dans des camps, comme ceux de Pithiviers, et de Beaune-la-Rolande, et surtout à Drancy, au nord de Paris. L'État français accepte alors de livrer des contingents de juifs aux bourreaux nazis. Mais pour les arrêter – les nazis ont prévu d'en déporter 100 000 en juin 1942 –, il faut des hommes. Or les Allemands, qui se battent sur tous les fronts, n'ont pas assez de policiers et de SS sur place. La police de Vichy leur prête donc main-forte : elle se charge de l'arrestation des juifs, qui sont acheminés vers le camp de Drancy, où ils sont remis aux Allemands. Ils partent ensuite vers d'autres camps d'où la plupart ne reviendront pas. L'État français a ainsi participé directement au crime contre l'humanité commis par les nazis jusqu'en 1945.

LA SHOAH : une explication ?

Chercher à comprendre

Comment un crime tel que la destruction des juifs d'Europe a-t-il pu être possible ? Depuis la fin de la Seconde Guerre mondiale, des historiens et des philosophes cherchent à comprendre. Certains pensent que les Allemands, en votant pour Hitler, auraient dû s'attendre que, un jour ou l'autre, il ordonne des mesures contre les juifs, car leur destruction faisait partie du programme du parti nazi. D'autres estiment plutôt que la guerre elle-même est la cause principale de la politique nazie d'extermination : ce ne serait pas le programme des nazis, mais plutôt l'engrenage de la guerre qui serait déterminant.

Le programme de Hitler

Hitler a exposé ses idées dans un livre, *Mein Kampf* ("Mon combat"), qu'il a écrit en 1924 alors qu'il était en prison. Il avait cherché à s'emparer du pouvoir par la force, par un coup d'État. Il échoua, fut arrêté et incarcéré durant quelques mois dans une forteresse, où il put écrire son programme politique. Dans ce livre, Hitler déclare que le juif "combat pour dominer les autres peuples", y compris le peuple allemand. Il affirme qu'il est impossible de lutter contre les juifs "autrement que par le glaive". "Un tel geste ne saurait aller sans effusion de sang."
Hitler considère aussi que le peuple allemand – ceux qu'il appelle les "aryens", à l'exclusion, donc, des Juifs allemands – a droit à un "espace vital". L'Allemagne est la nation européenne dominante, selon lui, mais elle doit encore lutter pour conquérir un territoire suffisant afin de s'épanouir librement. Tous les individus non "aryens" du peuple allemand, et notamment les juifs, doivent disparaître de cet "espace vital", y compris au moyen des "guerres civiles les plus sanglantes", écrit Hitler.
Ce n'est pas Hitler qui est à l'origine de ces idées : il reprend celles d'auteurs comme Gobineau, un Français qui pensait que les "races" sont inégales. Pour Gobineau, les Blancs sont condamnés à la déchéance s'ils se "mélangent" avec les Noirs ou avec les Jaunes. Gobineau jugeait le

métissage comme une horreur, une perversion. Avec Hitler, ces théories acquièrent un caractère terrible car il a, lui, le pouvoir de les mettre en pratique. L'extermination des "races inférieures" devient en effet possible puisque Hitler et le parti nazi dirigent l'État allemand.
Les idées de Hitler ne reposent que sur la haine d'ennemis supposés. De nos jours encore, trouver un ennemi commun est, hélas! une façon commode de créer l'union de divers groupes sociaux. En s'attaquant aux juifs, Hitler réussit à entraîner avec lui un grand nombre d'Allemands victimes de la crise économique des années 1920-1930 et lassés par le désordre politique qui règne alors en Allemagne.

1. Les enfants juifs polonais du ghetto de Lodz attendent leur repas. Les Allemands avaient regroupé de force les juifs dans des ghettos afin de les isoler des "aryens".

2. Durant la Seconde Guerre mondiale, beaucoup ne voulaient pas croire à l'existence de camps d'esclaves, que les nazis tuaient au travail ou massacraient purement et simplement. À la Libération, des soldats américains, au fond sur la photo, réalisent l'ampleur du génocide.

Hitler devient un dictateur absolu. Il s'entoure d'hommes comme Himmler, Heydrich ou Eichmann, qui mettent en place les outils nécessaires à la destruction des juifs : lois, décrets, ordonnances secrètes...
Hitler, dès son accession au pouvoir, utilise toutes les ressources disponibles pour mettre en marche une énorme machine de destruction : son parti nazi, bien sûr, mais aussi l'État et l'armée. Un fait est particulièrement significatif : dans les derniers mois de la guerre, les nazis réquisitionnent les trains pour transporter des juifs vers Auschwitz plutôt que de les réserver au transport de troupes. Comme si perdre la guerre était moins important que de continuer à détruire les juifs, jusqu'à la défaite et jusqu'à l'écrasement de l'Allemagne.

L’engrenage de la guerre

Certains historiens ne pensent pas que Hitler et son fanatisme aient été si déterminants dans la politique antijuive des nazis. Selon eux, la guerre a entraîné des mesures qui ont fini par aboutir à l’extermination des juifs. Ainsi, en 1938, le Reich allemand annexe l’Autriche, où la communauté juive est importante, notamment à Vienne. En 1939, l’Allemagne conquiert la Pologne ; cette fois, ce sont d’un coup 3,3 millions de juifs de ce pays qui s’ajoutent aux juifs allemands et autrichiens. Les nazis cherchent d’abord à les expulser et, une fois la France vaincue, en juin 1940, ils veulent les déporter jusqu’à Madagascar, dans l’océan Indien. Mais la Grande-Bretagne est maîtresse de la mer, et ce projet est irréalisable. Les nazis décident alors d’organiser des déportations vers l’est. Mais la décision d’envahir l’Union soviétique en 1941 oblige l’Allemagne à renoncer aux déportations.
Les Allemands ne savent pas quoi faire des juifs. C’est alors que se met en place une véritable politique d’extermination physique : puisqu’il n’est pas question de nourrir les juifs, considérés comme des ennemis du peuple allemand, et qu’il n’est plus possible de les expulser hors du Reich, le massacre devient la seule solution possible.
Pourtant, tout n’est pas simple. Les Allemands ont envoyé la plupart de leurs hommes au front, et il faut des travailleurs pour faire tourner l’industrie. Faut-il utiliser des ouvriers juifs ? Göring, l’un des plus importants personnages du régime nazi, ordonne en 1941 d’“obtenir une solution totale de la question juive dans la zone d’influence allemande en Europe” – ce qui signifie éliminer les juifs. Mais, quelques mois plus tard, il demande que les travailleurs juifs des usines d’armement ne soient pas déportés et continuent à travailler. Ainsi, même Göring hésitait.

Un crime contre l'humanité

Quelle que soit l'explication adoptée – logique raciste des nazis ou engrenage de la guerre –, la politique d'extermination a abouti à des solutions toujours plus expéditives pour que les juifs disparaissent de l'horizon allemand, jusqu'à en arriver au stade de la tuerie de masse.
Comment procéder ? Les nazis avaient déjà utilisé des camions à gaz pour assassiner des malades mentaux. À partir du 8 décembre 1941, ils utilisent la même technique pour les juifs, en Pologne, à Kulmhof (Chelmno). Mais cela n'est pas assez rapide.
En Union soviétique, les "unités mobiles de tuerie", les Einsatzkommando, suivent l'armée au fur et à mesure qu'elle conquiert d'immenses territoires. Ces commandos commettent de gigantesques massacres à la mitrailleuse. Les victimes sont enfouies dans des fosses, dont certaines ont été retrouvées. Mais ceux qui commettent les massacres deviennent presque fous devant ces milliers d'assassinats. En outre, les simples soldats et de nombreux civils sont témoins de ces exécutions massives.
Aussi, à partir de 1941, les nazis songent à des procédés plus discrets. La "solution finale" du problème juif est organisée lors d'une conférence tenue à Wannsee, dans la banlieue de Berlin, le 20 janvier 1942. Heydrich, chef du SD, le Service de sécurité des SS, préside la réunion, et décide de l'anéantissement des onze millions de juifs recensés dans l'Europe dominée par le Reich.
Les SS sont chargés d'organiser des camps d'extermination. Le chef SS, Himmler, ordonne de faire construire, par les déportés eux-mêmes, ces camps dotés de chambres à gaz et de crématoires dans lesquels des commandos spéciaux – les Sonderkommando – allaient assassiner et faire disparaître environ trois millions de personnes. Les noms de ces camps, tous situés en Pologne conquise, sont devenus les emblèmes sinistres de la folie des hommes : Kulmhof, Maïdanek, Treblinka, Sobibor, Belzec, Auschwitz.
Au total, environ six millions de juifs ont été assassinés par les nazis pendant la Seconde Guerre mondiale.

Une société raciste,

LE GUATEMALA

La guerre civile

De 1960 jusque dans les années 1990, une guerre civile opposant l'armée à des révolutionnaires frappe le Guatemala, petit pays situé au cœur de l'Amérique centrale. En 1954, les généraux prennent le pouvoir avec l'aide des services secrets américains – la CIA – et mettent en place une politique raciste. L'armée vole les terres des indigènes – les habitants dont les ancêtres étaient là avant la colonisation –, espérant y découvrir du pétrole, comme dans le pays ixil, au nord-ouest du Guatemala. Les militaires accordent des terrains aux paysans, mais ces terrains sont si petits qu'ils ne suffisent pas pour nourrir une famille. Les indigènes s'appauvrissent, au point que certains meurent de faim. Un important mouvement de guérilla se développe alors : des hommes, des femmes et même des enfants s'unissent et prennent les armes pour tenter d'abattre le gouvernement des militaires. Très vite, cette guérilla devient si puissante que l'armée ne peut plus espérer la vaincre.

Mais la guérilla n'arrive pas malgré tout à chasser l'armée du pouvoir, c'est pour cette raison que la guerre civile a duré si longtemps ! De nombreuses personnes ont été torturées, presque toujours par l'armée, et ce furent presque toujours des indigènes mayas. Des centaines de milliers de personnes ont été assassinées, et environ un million d'autres ont été déplacées, alors que la population totale du pays ne dépassait pas neuf millions d'habitants.

Une société raciste

La société du Guatemala est fondée sur la division entre Blancs, métis et Mayas.

Les Blancs, qui se disent "purs", les *criollos*, représentent une toute petite minorité ; les plus prestigieux parmi eux sont ceux qui descendent directement des conquistadors du XVIe siècle, dont beaucoup étaient originaires du Pays basque. Encore aujourd'hui, la plupart des dirigeants du Guatemala sont des descendants de Basques, et ils portent un nom basque, comme

Alvaro Arzú, qui fut le président de la République de 1996 à 2000.
Les métis, les *ladinos*, sont méprisés par tous parce qu'ils n'ont ni le pouvoir des *criollos* ni des racines culturelles très affirmées, comme les Mayas. Les *ladinos* sont pauvres pour la plupart, et leur vie quotidienne n'est guère différente de celle des Mayas.
Le dernier groupe de la population du pays est constitué de l'ensemble des peuples indigènes qui se trouvaient déjà là lorsque les conquistadors sont arrivés, au XVIe siècle. Ces peuples se nomment Quiché, Ixil, Mam, Cakchiquel... Ces indigènes, les Mayas comme ils s'appellent eux-mêmes, représentent plus de la moitié de la population du pays. Ce sont les personnes les plus pauvres du Guatemala. Durant les années 1960-1990, ils ont été les premières victimes du terrorisme des gouvernements militaires qui se sont succédé à la tête du pays.
Le racisme du reste de la société à leur égard a eu une grande conséquence dans les années 1990 : les Mayas, rejetés, ont réalisé qu'ils formaient un seul peuple, dont les intérêts étaient communs. Auparavant, leur propre société était cloisonnée entre tribus : les Ixil ne se mélangeaient pas aux Quiché ni aux Mam. Mais, face à la répression, ils se sont tous montrés solidaires, et ont peu à peu pris conscience de ne former qu'un seul groupe, celui des Mayas.

Ces femmes cakchiquel, ici au marché de Sololá, tissent elles-mêmes leurs vêtements.

L'œil de Tzalbal – 1990

Tzalbal est un village du nord-ouest du Guatemala. Les habitants de Tzalbal sont des Ixil qui vivent dans ces montagnes depuis plus de cinq siècles. Le village est situé à une dizaine de kilomètres du plus important bourg ixil, Nebaj. Une piste en terre y conduit, qu'il faut parcourir à pied, à moins de tomber par chance sur l'une des rares camionnettes-plateaux qui circulent sur ces terres désolées. À l'entrée de Tzalbal, un panneau indique qu'il s'agit d'un village "modèle", construit de toutes

pièces en 1984. Ce panneau ne dit pas que la population d'origine a été massacrée au début des années 1980 par l'armée, et que l'ancien village a été totalement détruit. Les militaires luttaient alors contre la guérilla, et ils n'hésitaient pas à assassiner la plupart des villageois, sous prétexte de "liquider les révolutionnaires".
Le nouveau Tzalbal a été peuplé en partie par des habitants d'origine qui ont échappé à la folie des militaires, et en partie par des familles venues d'autres villages ixil, voire d'autres régions du pays. Ces dernières ont été déplacées de force, déportées, une fois encore par l'armée.
Le village modèle a été construit selon un plan au carré, comme dans les villes américaines, où des "rues" de terre battue croisent à angle droit des "avenues", également de terre battue. Ce type de plan n'a rien à voir avec celui d'un village ixil traditionnel, où les maisons sont construites en fonction des désirs de chacun. Mais le plan au carré avait un grand intérêt pour les militaires, dans les années 1980-1990 : dans l'axe exact des rues était installé le camp de l'armée, sur une colline située à quelques centaines de mètres du village modèle. De leurs casemates situées en hauteur, les soldats pouvaient ainsi surveiller les villageois sans se déplacer. Cet "œil de Tzalbal" plaçait chacun sous la menace constante des armes.

Tant que le Guatemala a été dirigé par les généraux, jusqu'au début des années 1990, de nombreux villages modèles comme Tzalbal ont été créés. Les indigènes y ont été parqués, comme assignés à résidence. Dans un village modèle, tout était organisé. L'économie fonctionnait selon la directive "aliment contre travail". À Tzalbal, les femmes étaient obligées de tisser des *huipiles* (chemises ou blouses) si elles voulaient obtenir en échange des aliments, que leur fournissaient les militaires ; les *huipiles* étaient ensuite vendus par les agences gouvernementales aux touristes. La population des villages modèles ne recevait pas d'argent, elle ne pouvait donc pas se déplacer.
En interdisant à la population de bouger, les militaires espéraient empêcher les révolutionnaires de circuler librement dans le pays. Pour l'armée, tout était simple : tout indigène est a priori un révolutionnaire,

donc un ennemi, donc un homme à abattre. Le général Gramajo, qui fut ministre de la Défense du Guatemala, déclara en 1991, à propos des indigènes : "Il n'y a pas besoin de les tuer tous. Nous nous sommes occupés du développement de 70 % de la population, tandis que nous tuions les 30 % restants."

À la recherche d'une entente entre Indiens et Blancs

La longue période de barbarie qu'a connue le Guatemala a pris fin. Mais le pays n'a pas pour autant retrouvé son calme. Le racisme perdure.
Les artisans de la paix cherchent à créer une société "multiculturelle" et "multiethnique", où cohabitent plusieurs cultures et plusieurs peuples. Ils estiment que, de toute façon, le Guatemala est une réalité multiculturelle. Non seulement il ne sert à rien de le nier, mais surtout il faut l'accepter comme une richesse, et non comme une tare. Chacun doit faire un effort : l'armée doit cesser de prétendre au pouvoir ; la police ne doit plus terroriser les Mayas et les métis pauvres ; le gouvernement doit décider en toute justice et en toute équité, sans tenir compte des origines ethniques des Guatémaltèques, qu'ils soient mayas ou *ladinos*. Tout un pays doit donc réapprendre à vivre en harmonie.
Les Mayas cherchent à préserver leur culture, menacée de disparition par la longue guerre civile. Ils continuent à porter leurs vêtements, tissés de façon traditionnelle, et à cultiver du maïs et des haricots noirs, qui sont leurs nourritures essentielles. Ils sont de plus en plus fiers de leurs langues, de leurs coutumes. Aujourd'hui, une partie de la population des villes, en majorité métisse et blanche, se rend compte de l'atout que représentent les Mayas pour le pays. La coexistence de populations si différentes constitue l'identité même du Guatemala.

Loin du mythe des PEAUX-ROUGES

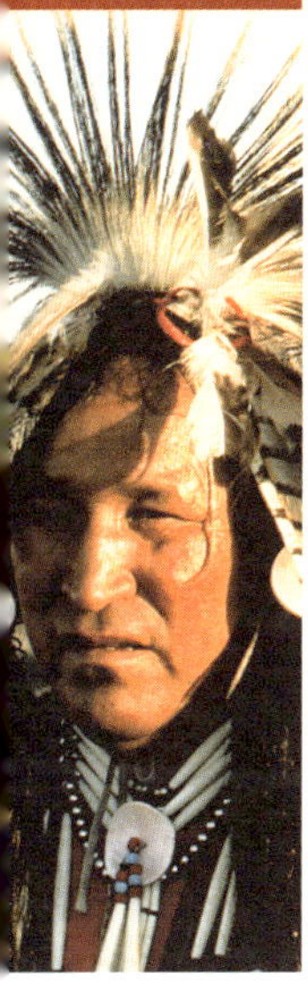

Incident à la réserve oglala

Le Dakota-du-Sud est un État des Grandes Plaines des États-Unis. C'est là que vivent encore les Sioux, qui y ont leurs collines sacrées, les Black Hills. Mais le temps des grands espaces, comme au XVIIIe siècle, est révolu ; les Indiens sont désormais cantonnés dans des réserves.

Le 26 juin 1975, deux agents du FBI, la police des États-Unis, se lancent à la poursuite d'une camionnette rouge dans la réserve de Pine Ridge, où vivent les Oglala, une branche de la grande famille des Sioux. L'un des passagers de la camionnette, un jeune homme, est soupçonné du vol d'une simple paire de bottes de cow-boy usagées. Après une brève poursuite, la camionnette se range sur le côté, et des tirs sont échangés entre les policiers et les occupants du véhicule. Bientôt la situation dégénère : quelque cent cinquante agents de la police locale, du Bureau des affaires indiennes et du FBI, appelés en renfort, se battent contre une trentaine d'Indiens. Deux agents sont tués, ainsi qu'un jeune Indien… pour une simple paire de bottes.

Dans les heures qui suivent, la réserve est envahie par les forces de police, les maisons sont saccagées ; les habitants sont terrifiés. Mais personne ne sait qui a ouvert le feu : les Indiens de la camionnette rouge ou les agents ? Et personne ne connaît – et ne connaîtra sans doute jamais – les meurtriers des deux agents, au cours de la fusillade confuse qui a suivi.

Or il faut un coupable. Un Indien, bien sûr. Un premier procès a lieu, mais les inculpés sont reconnus innocents car ils démontrent qu'ils n'étaient pas sur les lieux du drame. La police se tourne alors vers Leonard Peltier, un personnage important dans la communauté des Indiens d'Amérique, les Amérindiens.

Leonard Peltier est membre du principal mouvement amérindien aux États-Unis : l'American Indian Movement (le Mouvement des Indiens d'Amérique, AIM en anglais). Depuis longtemps, la police veut le réduire au silence et à l'inaction, c'est donc lui qui est arrêté pour le meurtre des deux policiers. Il n'y a aucune preuve contre lui, mais le procès a lieu, sous haute tension puisque des menaces sont échangées de part et d'autre. Néanmoins, Leonard Peltier est condamné deux fois à la prison à vie pour chacun des deux meurtres. Pourtant, le gouvernement fédéral américain reconnaît ignorer l'identité des véritables assassins. Cela n'empêche pas Peltier d'être incarcéré en 1976. À vie.

La conquête du Far West

Le vol d'une paire de bottes usagées n'est qu'un prétexte, un petit incident de plus qui a très mal tourné. Cela révèle le drame profond qui, aux États-Unis, frappe les Sioux et les autres peuples amérindiens des réserves. Le mythe de la conquête du Far West américain par les colons est un épisode fameux de l'histoire de ce pays. Ce mythe raconte les actions accomplies par des hommes courageux que nous connaissons bien à travers les films de cow-boys. Mais cette glorieuse conquête dissimule l'expulsion d'un peuple de sa terre ancestrale.

Les Amérindiens vivaient en Amérique bien avant l'arrivée des colons européens. Le drame qu'ils ont vécu vient des différences fondamentales entre les deux cultures, amérindienne et européenne. Les Amérindiens sont peu nombreux par rapport à l'étendue de leur territoire, et toutes leurs tribus vivent de la chasse – au bison dans les Grandes Plaines – ou d'une agriculture simple.

Affiche représentant l'emblème de la lutte des Amérindiens pour le Red Power, le Pouvoir rouge.

Ils croient en la fécondité et en la générosité de la Terre mère, à condition qu'elle ne se sente pas agressée, abîmée. Ils ne sont pas pour autant de "bons sauvages" : eux aussi se battent, et certaines guerres entre eux sont violentes. Mais lorsqu'ils se retrouvent face aux Européens, l'incompréhension est totale.

La conquête de l'Ouest est marquée par de nombreuses batailles, qui aboutissent parfois à la victoire des indigènes face à l'armée, comme celle de

RED POWER

la Little Big Horn, au cours de laquelle est tué le général Custer en 1876. Elle est aussi marquée par des massacres d'Amérindiens – le plus célèbre est celui de Wounded Knee, le 29 décembre 1890, au cours duquel périssent plus de cent cinquante Sioux, dont la moitié sont des femmes et des enfants. Peu à peu, les territoires des tribus amérindiennes sont grignotés par les colons. Les Amérindiens sont regroupés de force dans des réserves que leur donne le gouvernement, comme la réserve de Pine Ridge, sur l'ancien territoire des Sioux.

Le peuple indien comprend alors que sa longue période de liberté est terminée, et que les "Peaux-Rouges" ne peuvent plus résister face aux "Visages-Pâles". Le combat des Amérindiens change alors de forme. Il devient une lutte pour la survie de leur héritage culturel et pour récupérer une partie des territoires qui leur ont été volés par le gouvernement des États-Unis.

La renaissance des Indiens

L'American Indian Movement est fondé en 1968 et, dès le début des années 1970, le mouvement reçoit l'appui de la majorité des Amérindiens.

Le programme de l'AIM réclame que les traités signés entre les États-Unis et les grands chefs des tribus indiennes soient respectés. Ces traités ont toujours prévu des superficies pour les réserves indiennes bien supérieures à ce qu'elles représentent aujourd'hui. L'AIM réclame le jugement des violations des droits de l'homme commises à l'encontre des Amérindiens. Il demande que le Bureau des affaires indiennes, qui administre les réserves aux dépens de ses occupants, soit supprimé. Enfin, il voudrait que les relations entre les Indiens et les États-Unis soient réglementées par un traité, et non plus soumises au bon vouloir du gouvernement de chaque État.

Les Indiens d'Amérique souhaitent que leur culture ait les moyens d'être préservée, que les formes d'organisation des tribus soient reconnues par le gouvernement fédéral. Ils ne veulent plus être rejetés comme ils le sont par la société américaine : les taux de chômage et de suicide chez

les Amérindiens sont énormes. Ainsi, au début des années 1970, plus de la moitié des Sioux de la réserve de Pine Ridge se trouvaient au chômage, sans aucunes ressources.

En 1973, des Sioux de cette réserve, révoltés par leurs conditions de vie et la corruption des fonctionnaires du Bureau des affaires indiennes, décident de créer un territoire libéré. Avec l'aide des militants de l'American Indian Movement, les Sioux occupent Wounded Knee, le lieu du massacre de 1890. Ils s'organisent, résistent, les armes à la main. Malgré le blocus que l'armée américaine met en place tout autour de Wounded Knee, les assiégés parviennent à se nourrir. Des couples se marient sur place, et quelques femmes indiennes viennent accoucher à Wounded Knee. Ce lieu devient le symbole d'un peuple qui a la volonté de survivre ! Les assiégés résistent ainsi durant soixante et onze jours. L'"incident" à la réserve oglala se déroule deux ans après Wounded Knee, au moment où la tension entre le gouvernement et les Indiens est la plus forte. Leonard Peltier en reste la principale victime. "C'est la vingt-troisième année que je passe en prison pour un crime que je n'ai pas commis, écrit-il en 1999. Ma vie est une agonie prolongée." Pourtant, c'est l'espoir qui domine dans son message : "Si mon emprisonnement ne devait servir qu'à instruire un public inconscient et indifférent des terribles conditions que le peuple indien continue à endurer, alors ma souffrance aurait – et elle continue d'avoir – un but. La lutte de mon peuple pour la survie inspire ma propre lutte pour la survie."

LES TZIGANES et l'Europe

Où vont les Tziganes ?

Les Tziganes, nous les connaissons peu. Nous ne les voyons que sur les routes, dans leurs longs convois de camping-cars et de grosses voitures tractant de lourdes caravanes. Car les Tziganes sont des nomades : leurs maisons, ce sont des roulottes, des caravanes ou des camping-cars. Or la société moderne est une société sédentaire : nous ne bougeons pas, sauf lors de nos déménagements, peu fréquents. Nous sommes attachés à une ville, un village, une région, et nous ne comprenons pas toujours les nomades, dont la vie est si différente ! Face aux Tziganes, ce n'est pas à proprement parler du racisme qui s'exprime, mais notre incompréhension de leur différence. Au cours de l'histoire, cette incompréhension est souvent devenue un rejet !

Lorsqu'ils s'arrêtent en chemin, les Tziganes n'ont droit qu'aux "emplacements réservés aux nomades", qui sont encore souvent des terrains vagues sans confort.

Nous les appelons les Tziganes, les Gitans, les Manouches, les Bohémiens, ou même les Romanichels. Mais, lorsqu'ils parlent d'eux-mêmes, ils s'appellent les Roms, d'un mot qui signifie "homme" dans leur langue, le romani. "Manouche" vient d'un mot qui signifie "être humain", en romani. En revanche, les mots "Tzigane" ou "Gitan" viennent de nos propres langues, issues du latin. Quant à "Bohémien" ou "Romanichel", ce sont des termes plutôt péjoratifs pour désigner ces gens différents, parfois considérés comme inférieurs. Pour les Roms, nous sommes des Gadjé, mot qui désigne tous ceux qui ne sont pas roms, donc tous ceux qui ne sont pas des "hommes". Ainsi, l'incompréhension est à double sens, puisque ni les nomades ni les sédentaires ne semblent accepter l'autre.

Presque tous les Tziganes vivent en Europe. Ils sont environ neuf millions sur ce continent, dont 450 000 en France. Ils exercent souvent le métier de vannier ou travaillent dans le cirque ; les femmes disent encore la bonne aventure, surtout dans les pays d'Europe de l'Est. La musique tzigane est appréciée partout, en Europe comme en Amérique. Django Reinhardt, un guitariste qui connut un immense succès en France dans les années 1930-1950, était tzigane.

La langue romani est, comme le latin, issue de ce que les linguistes – ceux qui étudient les langues – appellent le "fonds indo-européen". Ils pensent que les Roms sont partis d'Inde vers le Xe siècle, et se sont déplacés jusque vers l'Europe. Au cours de la migration des Tziganes, leur langue a intégré certains mots des régions qu'ils traversaient, depuis le grec et le roumain jusqu'à l'allemand et l'anglais.

La musique et la danse font partie de l'univers des Tziganes. Cette photo a été prise par Lucien Clergue en 1958, dans le sud de la France, aux Saintes-Maries-de-la-Mer où les Tziganes viennent fêter Sarah, la servante noire de Marie-Salomé et de Marie-Jacobé, la sœur de la Vierge. Elles auraient débarqué ensemble aux Saintes-Maries-de-la-Mer.

Les Tziganes qui dérangent

Ce n'est pas facile d'être nomade dans une société strictement sédentaire ! Au Moyen Âge puis sous l'Ancien Régime, les Tziganes sont souvent accusés des pires méfaits, depuis le vol d'enfants jusqu'au cannibalisme, et sont plusieurs fois chassés du royaume de France. Au XXe siècle, les gouvernements de la République cherchent à contrôler cette population baladeuse. Or ce contrôle est fondé sur des critères discriminatoires, qui ont pour but de distinguer les Tziganes des sédentaires à partir de leur aspect physique, et de les traiter en personnes inférieures.
Le 16 juillet 1912, la loi rend obligatoire, pour tout individu âgé d'au moins treize ans "circulant en France sans résidence ni domicile fixe", la possession d'un carnet anthropométrique. Ce carnet comprend, outre les nom, prénoms, date et lieu de naissance, la longueur et la largeur de la tête, la largeur de l'oreille droite ou encore celle du pied gauche. Bref, une description du "gitan" comme s'il était un animal identifié par ses caractéristiques physiques.
Durant la Seconde Guerre mondiale, les déplacements des Tziganes sont considérés comme pouvant favoriser l'espionnage au profit de l'ennemi. Aussi les Tziganes sont-ils réunis de force dans des camps, dont les plus importants sont ceux de Montreuil-Bellay, près d'Angers, et de

Jargeau, près d'Orléans. Lorsque les nazis au pouvoir en Allemagne décident d'exterminer les Tziganes, la police française livre ceux qu'elle localise. Ainsi, on estime que quinze mille d'entre eux, sur les quarante mille qui séjournaient en France pendant la guerre, ne reviendront jamais. Ils furent victimes d'expérimentations médicales criminelles ou d'assassinats dans les camps d'extermination nazis.
Au lendemain de la guerre, les Tziganes ne sont plus victimes de la déportation, mais leur sort se complique : que faire d'eux dans une société de plus en plus tournée vers la production industrielle, avec la concentration des habitants dans les villes et leurs banlieues ?
En France, le carnet anthropométrique n'est remplacé par une carte d'identité qu'en 1960, et supprimé définitivement seulement en 1969. À cette date, une nouvelle loi régit la vie nomade : les Tziganes, pour se déplacer, doivent posséder un carnet de circulation, qui permet à l'État de contrôler leurs déplacements, et de les réduire puisque des autorisations sont nécessaires. Les Tziganes doivent choisir une "commune de rattachement", dans laquelle ils peuvent accomplir toutes leurs formalités administratives : se marier, payer leurs impôts, s'inscrire au chômage... Le gouvernement espère ainsi que les nomades ne bougeront plus, qu'ils abandonneront peu à peu leur mode de vie. Un texte officiel parle même de "malédiction qui pèse sur les nomades du seul fait qu'ils sont différents de nous" !
Avec l'Europe, les choses ont changé. Dans les années 1980, les institutions européennes ont encouragé les États à délivrer des pièces d'identité ou des "visas d'errance" permettant aux Tziganes de se déplacer. Ainsi l'idée même du nomadisme est-elle peut-être en train de renaître ; ce serait une grande victoire de la différence et de la tolérance.

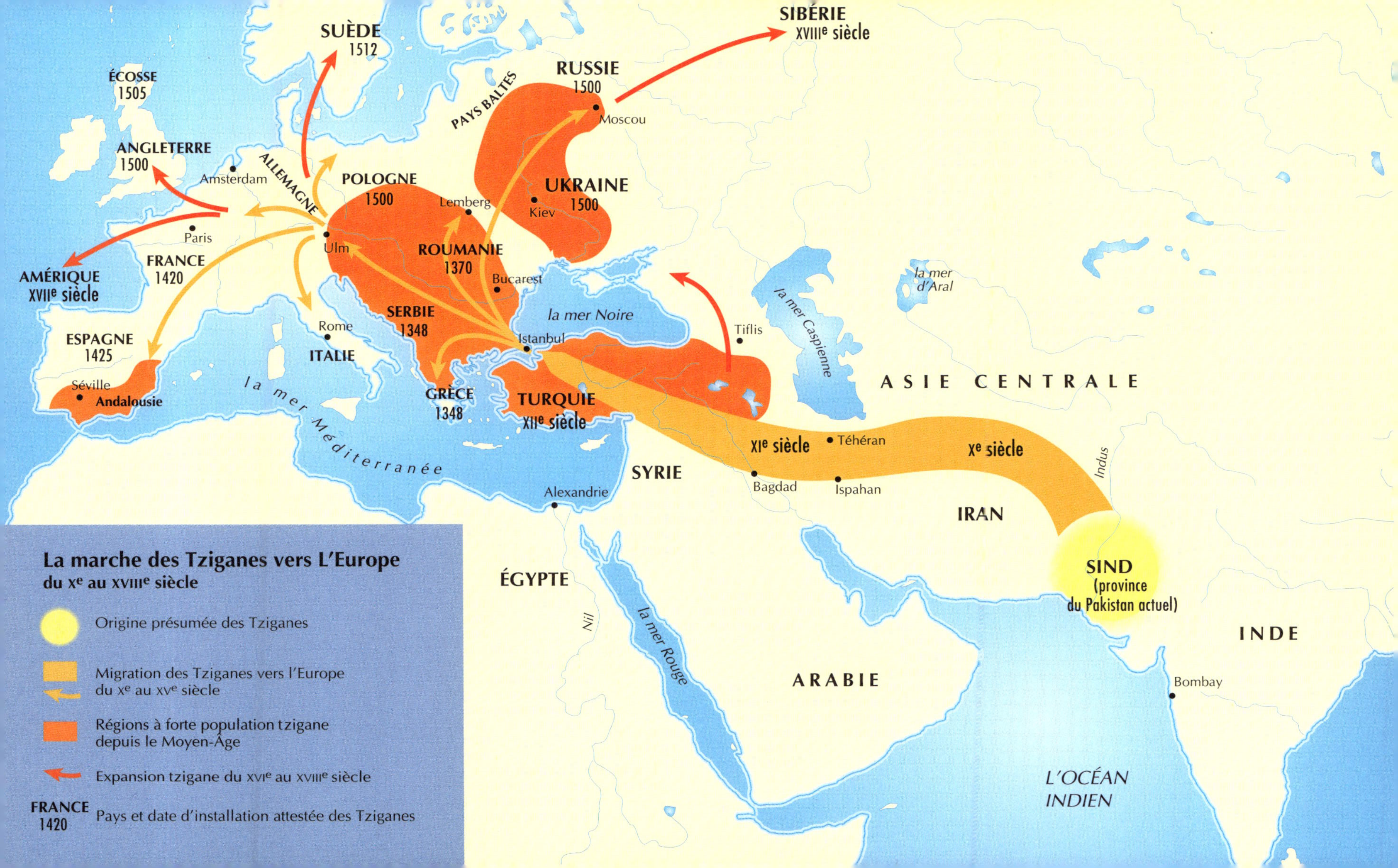
La marche des Tziganes vers L'Europe
du xe au xviiie siècle
Origine présumée des Tziganes
Migration des Tziganes vers l'Europe du xe au xve siècle
Régions à forte population tzigane depuis le Moyen-Âge
Expansion tzigane du xvie au xviiie siècle
FRANCE 1420 Pays et date d'installation attestée des Tziganes
SUÈDE 1512
ÉCOSSE 1505
ANGLETERRE 1500
Amsterdam
ALLEMAGNE
POLOGNE 1500
Lemberg
Ulm
Paris
FRANCE 1420
AMÉRIQUE XVIIe siècle
ESPAGNE 1425
Séville
Andalousie
Rome
ITALIE
la mer Méditerranée
ROUMANIE 1370
Bucarest
SERBIE 1348
GRÈCE 1348
Istanbul
TURQUIE XIIe siècle
la mer Noire
PAYS BALTES
RUSSIE 1500
Moscou
UKRAINE 1500
Kiev
SIBÉRIE XVIIIe siècle
Tiflis
la mer Caspienne
la mer d'Aral
ASIE CENTRALE
XIe siècle
Téhéran
Bagdad
Ispahan
Xe siècle
Indus
SYRIE
Alexandrie
IRAN
SIND (province du Pakistan actuel)
ÉGYPTE
Nil
la mer Rouge
ARABIE
INDE
Bombay
L'OCÉAN INDIEN

LE RACISME

dans "l'Europe sans frontières"

Comment le racisme s'est-il insinué en Europe ?

L'histoire de la France et de l'Europe a été marquée par des conflits mondiaux terribles. La France a ainsi conquis les armes à la main un immense empire colonial, jusqu'à devenir une puissance coloniale de premier plan. Avec la Grande-Bretagne, la Belgique et le Portugal, elle s'est partagé tout le continent africain. Les Pays-Bas, pour leur part, possédaient des colonies en Asie et en Amérique latine. Tous ces pays ont longtemps pratiqué l'esclavage dans leurs colonies.

Après la Seconde Guerre mondiale, lorsque la puissance de la France et de la Grande-Bretagne se trouve très diminuée, ces deux pays décolonisent – ils rendent leur liberté et leur autonomie aux peuples étrangers qu'ils dominent. Mais la France choisit de garder l'Algérie, qu'elle considère alors comme le "joyau de son empire colonial". Cette décision débouche sur un conflit extrêmement sanglant : la guerre d'Algérie, de 1954 à 1962.

Le processus de la colonisation repose sur des conceptions racistes. Le peuple du pays colonisateur est considéré comme supérieur à celui du pays colonisé. Il se donne pour mission de lui montrer la voie et de guider son évolution. Le "génie de la France" doit éclairer le monde "arriéré" de l'Afrique noire ou du Maghreb. Mais ni le Maghreb ni l'Afrique noire n'étaient des contrées incultes avant l'arrivée des Français et des autres colonisateurs ! Leurs civilisations, différentes, y fleurissaient depuis plusieurs siècles. Il suffit pour s'en convaincre de visiter un musée d'art africain, ou de voyager dans un pays comme le Cameroun.

Avec la décolonisation, ces idées de supériorité des Blancs n'ont pas disparu. De nos jours encore, pour beaucoup de Français, les Noirs ou les Maghrébins sont "en retard". La colonisation reste une plaie dans les relations entre les Français et les Africains, notamment les Algériens. Pour qu'elle guérisse enfin, chacun doit faire un effort pour comprendre l'autre, pour accepter le droit pour chaque peuple de vivre selon ses goûts et ses coutumes.

L'abolition des frontières ?

Désormais, les frontières entre les différents pays de l'Union européenne sont abolies. Pour passer d'un pays à l'autre, nous ne devons plus présenter de passeport ou de carte d'identité. Mais si, pour nous Européens, voyager est plus facile, cela est devenu beaucoup plus compliqué pour la plupart des étrangers.

En effet, l'Europe est aujourd'hui un continent réservé, presque interdit. Avant le traité de Schengen, qui a modifié les conditions de séjour des étrangers, ceux-ci pouvaient circuler librement dans la plupart des pays, durant une période de trois mois ou plus. Cependant, quelques États posaient déjà certaines conditions supplémentaires ou limitaient la durée du séjour des étrangers. Depuis le traité de Schengen, la période de ce séjour a été fixée à trois mois maximum, et chaque touriste étranger doit répondre aux critères imposés par tous les pays européens à la fois ! En effet, si un étranger d'un pays extérieur à l'Union européenne entre en France, il peut ensuite aller en Allemagne ou en Belgique sans être contrôlé à la frontière.

Les réfugiés politiques – qui sont persécutés dans leurs pays pour leurs opinions ou leurs activités politiques – doivent eux aussi se soumettre à des lois désormais très strictes. Auparavant, certains pays accueillaient volontiers ces réfugiés qui risquaient souvent la mort s'ils restaient dans leur propre pays. La France avait même une tradition de terre d'asile pour tous les réfugiés politiques. Désormais, avec le traité de Schengen, les lois européennes d'immigration et d'asile politique sont unifiées, elles sont les mêmes pour tous les pays de l'Union. Ce traité a été élaboré en 1990, et il est appliqué depuis 1995 en France, en Belgique, au Luxembourg, en Allemagne, aux Pays-Bas, en Espagne et au Portugal. Les autres pays de l'Europe l'ont signé plus tard mais l'appliquent tous aujourd'hui. La France n'est plus cette terre d'asile si chère à ceux qui sont menacés de mort pour leurs opinions.

On nous dit que le monde est un "village global", et que tous les hommes seraient engagés vers le même destin. Il est alors temps que la circulation des hommes entre les pays et les continents soit libre !

En 1847, le chef rebelle Abd el-Kader capitule et se rend à l'armée française.
Cette illustration du XIXe siècle insiste sur la supériorité du général français, Lamoricière.

CONCLUSION

Le racisme disparaîtra-t-il un jour ? Il faut l'espérer, car chaque groupe humain a développé ses propres particularités, et la diversité des cultures est une richesse pour l'ensemble de l'humanité. Si certains parmi nous sont racistes et rejettent d'autres hommes sous prétexte qu'ils ont une couleur de peau ou une apparence physique qui ne leur conviennent pas, c'est d'abord parce que la peur ou l'incompréhension s'insinuent souvent entre les êtres aux coutumes et aux croyances diverses. La notion de "race", qui implique l'existence de plusieurs sortes d'hommes, est alors un prétexte à l'exclusion, à la ségrégation, à la discrimination, voire à l'anéantissement, alors que nous devrions au contraire essayer de comprendre nos voisins.

Jusque dans les années 1960, les ethnologues ont étudié et décrit des populations "primitives" dont les coutumes, les croyances, les langues étaient extrêmement variées et très différentes des nôtres. Mais les sociétés primitives ont toutes disparu, écrasées par le rouleau compresseur de ce que nous appelons notre "civilisation". Les cultures orales, comme en Afrique noire, sont à leur tour en train de disparaître. Peu à peu, il semble que l'humanité devienne le lieu d'une immense uniformité culturelle.

Nous avons perdu à tout jamais la richesse des cultures primitives. Il serait dommage de continuer sur cette pente, et de chercher à supprimer les différences qui existent entre les hommes et leurs cultures.

Pour que ces différences soient enrichissantes, il y a pourtant une condition : cesser de considérer qu'il existe des "races" supérieures et inférieures. L'humanité n'est pas un ensemble de races, mais un immense ensemble d'hommes. Les races ne sont que des divisions artificielles, créées par ceux qui se jugent, à tort, supérieurs aux autres.

Or nous sommes tous utiles à l'ensemble de l'humanité, justement parce que nous sommes tous différents !

Dans la même collection
Autrement Junior série "Histoire"

N° 1

LE MONDE GREC

Des Mycéniens à Alexandre le Grand

textes de Laurence Lhommedet
et de Claude Merle
relecture scientifique par Claude Mossé

Du XIIe siècle au IVe siècle avant J.-C., la Grèce façonne et diffuse l'une des plus grandes civilisations de tous les temps. Homère, Lycurgue, Miltiade, Hérodote, Eschyle, Alexandre le Grand… des poètes, des conquérants, des hommes de génie sont les héros d'une histoire qui continue de nous émerveiller.

N° 2

LE HAUT MOYEN ÂGE

Des Grandes Invasions à l'apogée de Constantinople

textes de Laurence Lhommedet
et de Claude Merle
relecture scientifique par Jean Chélini

Du Ve siècle à l'an Mil, le haut Moyen Âge succède à l'Empire romain, qui s'effondre lors des Grandes Invasions. La légende noire de cette période passionnée et passionnante nous raconte des guerres sanglantes et des tragédies paysannes. Mais aussi les élans religieux, le développement des villes, la naissance d'un monde nouveau.

N° 4

DES FEMMES DANS L'HISTOIRE

Du IXe siècle à nos jours

textes de Philippe Godard
relecture scientifique par Joël Cornette

Reines, saintes, révolutionnaires ou femmes anonymes en lutte contre la dictature ou la misère… Voici quelques portraits de femmes, à différents moments de l'Histoire, qui permettront de réfléchir au rôle de chacun et de chacune dans la société.

SOURCES ICONOGRAPHIQUES

p. 13 Dimensions et plans du navire négrier le *Brookes*, coupe d'un navire négrier © Roger-Viollet; p. 19 et 25 © AFP; p. 31 et 37 Berlin, Bildarchiv Preussischer Kulturbesitz; p. 43 © Philippe Godard; p. 47 © Pascal Mariller ; p. 49 archives du Comité de solidarité avec les Indiens des Amériques; p. 55 © Lucien Clergue; p. 61 Conquête de l'Algérie - Reddition d'Abd el-Kader au général Lamoricière, le 23 décembre 1847 © Roger-Viollet.

REMERCIEMENTS
Nous tenons à remercier très vivement Lucien Clergue, photographe, ainsi que le CSIA-Nitassinan et le Groupe de soutien à Leonard Peltier de nous avoir fourni et permis de reproduire gracieusement leurs photographies et documents.

CSIA (Comité de solidarité avec les Indiens des Amériques) et Groupe de soutien à Léonard Peltier : 21ter, rue Voltaire, 75011 Paris – Tél. : 01 43 73 05 80

Le Racisme, Autrement Junior Histoire,
Publié par les Éditions Autrement
17, rue du Louvre
75001 Paris
Tél. : 01 40 26 06 06 – Fax : 01 40 26 00 26
ISSN : 1269-8733 - ISBN : 2-7467- 0111-1

Dépôt légal : 3e trimestre 2001
Photogravure : Typophot
Imprimé et broché en France par Clerc s.a., 18206 Saint-Amand-Montrond